$Lk^{14}\ 142$

LES HVMBLES
PROTESTATIONS
GENERALLES DES
Estats de la Prouince de
Normandie.

AV ROY,

A PARIS,
Par PIERRE METTAYER, Im-
primeur ordinaire du Roy.

M. DC. XXXVII.

LES HVMBLES PROtestations generalles des Estats de la Prouince de Normandie.

AV ROY,

IRE,

Le mesme bon-heur qui réueille & excite le courage, & la joye des parties Septentrionnalles, & qui reintegre le contentement des Habitans de l'Ourse pour le retour du Soleil de la lumiere, duquel ils sont priuez par son esloignement : Le mesme nous fait à present reuiure & renaistre, sous des rais fauorables de vôtre Royalle presence; car si les tenebres sous lesquelles sont

A ij

enseuelis les premiers l'espace de six
mois, leur font d'vne dure digestion,
pour estre destituez de ce que la nature à produit de plus beau & de plus
excellent.

La longue absence de vostre Royalle Majesté de vostre Prouince de Normandie, ne nous a point esté moins
seuere & difficile à supporter, & certes
si la joye & l'allegresse que nous res-
sentons maintenant de vostre Royalle presence, comme estant l'vnique
contentement de nos esperances.

Maintenant que poussé d'vn bouil-
lô genereux & d'vne ardeur martiale,
vous aués resolu de chercher les fleurs
parmy les espines, & faire fleurir de
plº en plus la tige sacrée de vos lys par
tout le monde (bien que le regret de
vostre absence nous dône de grands
ellancemens en l'ame) si est-ce que

nous vous offrons aux pieds de voftre
Majefté nos biens, nos corps, & nos
vies, pour eftre confacrez fur l'Autel
victorieux de voftre gloire, vous à
qui nos vœux & nos deftins font eter-
nellement attachez : vous de qui noftre bon-heur, noftre contentement,
& nos plus doux plaifirs, defcoulent
comme d'vne fontaine delicieufe.
Vous enfin grand Hercule, de qui la
maffuë de vos armées, auez abatu &
foudroyé tant & tant de teftes qui
vouloient contefter auec vous vne
gloire que les Cieux ne peuuent ef-
pancher fur autres que fur voftre bras
victorieux.

Si le Soleil pouuoit tefmoigner ce
qu'il a veu de voftre valleur, il le ra-
conteroit aux Prouinces les plus ef-
cartées de l'Occean, & en rempliroit
tout le monde, qu'il efclaire tous les

iours, tant il affectióne de luire en voftre faueur, & de vous feruir de con-
duitte à l'acquifition de tant d'aduen-
tageufes palmes: Mais la renommée
à recompenfé fon filence, & a haute-
ment publié ce qu'il femble approu-
uer de fes rayons.

Car vous eftes l'Aftre benin & gra-
cieux, qui par voftre afpect refpandez
fur vos peuples toutes fortes de biens:
rien ne fe peut adjoufter, & rien
defirer de plus à nos felicitez, finon
qu'elles nous foient perpetuelles. Si
bien que nous ne pouuons nous
plaindre que du trop de bon-heur
que nous poffedons par la tranquilité que voftre Majefté nous a acquife
par fes indicibles trauaux.

Voftre Sacrée perfonne qui reluit
par deffus tous les autres Monarques
de la terre, nous promet quelque

chofe de rare, & fait efperer à tous vos
fubjects que leur tranquilité fera con-
tinuée par voftre Illuftre valleur, &
par l'heureufe conduite de voftre iu-
dicieux Confeil, qui eft compofé de
miniftres autant Illuftres & prudents
que l'on en fçauroit iamais defirer
pour le bien de voftre Eftat, & auec
autant & plus de fidelité que n'ont
efté tous les autres Roys vos deuan-
ciers? Et ne s'en faut eftonner, SIRE,
puis que leur naiffance les y oblige.

Ce n'eft pas qu'ils apprehendent
les guerres ou voftre Sceptre fera
augmenté, mais côfiderant combien
voftre predeceffeur S. Louis a acquis
de triomphes aux défpens des Barba-
res, & côbien voftre Majeftéà de fym-
patie à la pieté, ils eftiment que c'eft
affez pour vaincre tous ceux qui fe
voudroient oppofer au bon-heur de

voſtre fortune, à laquelle tous les Ordres des Eſtats de voſtre Prouince de
Normandie, tant en general qu'en
particulier, deſirent auoir l'honneur
de contribuer à la conſeruation de
voſtre gloire.

LE CLERGE'.

Les Eccleſiaſtiques de voſtre celebre
Clergé vous reuerent & honorent,
comme melchiſedec fit Abraham qui
retournoit victorieux (comme vous
faites en tous vos voyages) ils confeſ-
ſent qu'ils tiennent de voſtre Majeſté le loiſir de leurs deuotions, ils vous
donnent iournellement la meilleure
partie des ſainctes intentions de leurs
ſaincts Sacrifices, ils prient continuellement Dieu de faire proſperer vos
entrepriſes, reuſſir vos deſſeins à voſtre

ſtre gloire, & à l'vtilité de voſtre peuple. Que le bon genie de la France deſ-
couure continuellement tout ce qui ſe
braſſera contre la tranquilité de voſtre
repos, la paix de voſtre Monarchie, &
la proſperité de vos tres-humbles &
tres-fidels ſubjets.

LA NOBLESSE

Voſtre Nobleſſe s'eſt tellement
voüée & reſoluë au ſeruice de voſtre
Majeſté, que rien ne la peut jamais deſ-
tacher de ſon deuoir: vous vous pouuez
aſſeurement confier au fidel teſmoi-
gnage qu'elle vous donne, de ne fran-
chir jamais les bornes de ſa loyauté,
puis qu'elle ſe veut contenir pour voſtre ſeruice, ou le Ciel l'a ordonnée, ſa-
crifiant touſiours à voſtre Magnani-
mité ſa vie & ſes biens, deſquels vous

B

pouuez disposer selon voftre defir, puis
qu'il a pleu à la nature de l'affujettir
fous vos equitables loix, elle ne terni-
ra iamais le luftres de fes Anceftres par
vne honteufe reuolte, & n'obfcurcira
le flambeau de leurs ferufces: elle con-
tinuera iufques au tombeau là gloire
de fes Peres, elle ne veut point ombra-
ger leur renom, mais elles fe veut appli-
quer les lauriers qu'ils ont emportés,
puis que c'eft vne gloire & vn honneur
de feruir auec fidelité fon Roy, & mourir pour fa patrie.

LA IVSTICE.

Voftre Cour Souueraine, & vos Iu-
ftices Royalles, font efclater leur Iufti-
ce fur vos fubjets, ils fulminent contre
tous ceux qui penferoient fe difpenfer
de l'obeiffance qu'ils vous ont iurée, &

refrenent les paſſions des plus rebelles
(s'il s'en troüue aucun) par vos iuſtes
Ordonnances qui regardent leur inte-
grité , & l'augmentation de voſtre
Couronne, & la tranquilité de voſtre
peuple.

Car vos Royalles & incomparables
vertus attirent tellement à ſoy les peuples, qu'outre les Ordres de voſtre E-
ſtat, & de tous vos ſubjets , les Princes
Eſtrangers ſont tellement animez de
voſtre amour qu'ils ſe retirent à l'ombre de vos lauriers ainſi que les paſſans
ont recours aux arbres feuilleux durant
les foudres & les orages.

Tous les nations du monde tiennent
voſtre Majeſté pour l'Arbitre de la
Chreſtienté, puis que voſtre nom vene-
rable de Iuſte, vous a acquis tant de
creance & d'authorité parmy tous les
Chreſtiens, que vos volontez ſont te-

B ij

nües pour loix sacrées, vos Conseils
pour des preceptes infaillibles, & vos
parolles pour des Oracles du Ciel, puis
que le Conclaue & le S. Siege les respe-
ctent, les Allemagnes & l'Italie les honorent, l'Espagne les redoute, l'An-
gleterre y defere, & les Pays bas s'y
soubmettent

Et nous vos tres-humbles & fidels
subiers en general, recognoissons ma-
nifestement que vostre Majesté desor-
mais nous veut faire viure sous les O-
liuiers, à l'ombre desquels toutes cho-
ses prosperent, ce qui nous fait esperer
toutes sortes de felicitez & de conten-
temens.

Pour les trophées que vous vous
estes jà acquis, SIRE, les hommes ne
sont point capables de vous aplaudir,
les Anges que Dieu vous a donnez
pour Ministres suppleront au deffaut

Il vous suffira que nous en sommes aussi resiouys, comme vostre Royalle bonté se porte puissamment dans la protection de vos subjets, que le plus petit iusques au plus grand n'en protestent quelque ressentiment par leur tres-humble & fidel seruice.

Auec ces Protestations veritables que nous n'aurons iamais autres mouuemens que ceux qu'il plaira à vostre Majesté nous prescrire & ordonner. Que nos vies ne seruirót iamais qu'aux charges auquelles il vous plaira de les destiner & employer; Que si les pertes d'icelles dans les occasions qui se pourroient presenter, ne pouuoient rien contribuer à la gloire de vostre Majesté, duquel le bras est si fort, le regne si heureux, le conseil si prudent, & la protection de Dieu qui la couure si puissante qu'elle suffit seulle à tout ce qu'il vous plaift entreprendre, & vient glorieufement à bout de tout, du moins la paffion que nous auons de nous porter courageufement dans les importantes occafions, feruira de tefmoignage que nous voulons viure & mourir pour voftre feruice.

F I N.

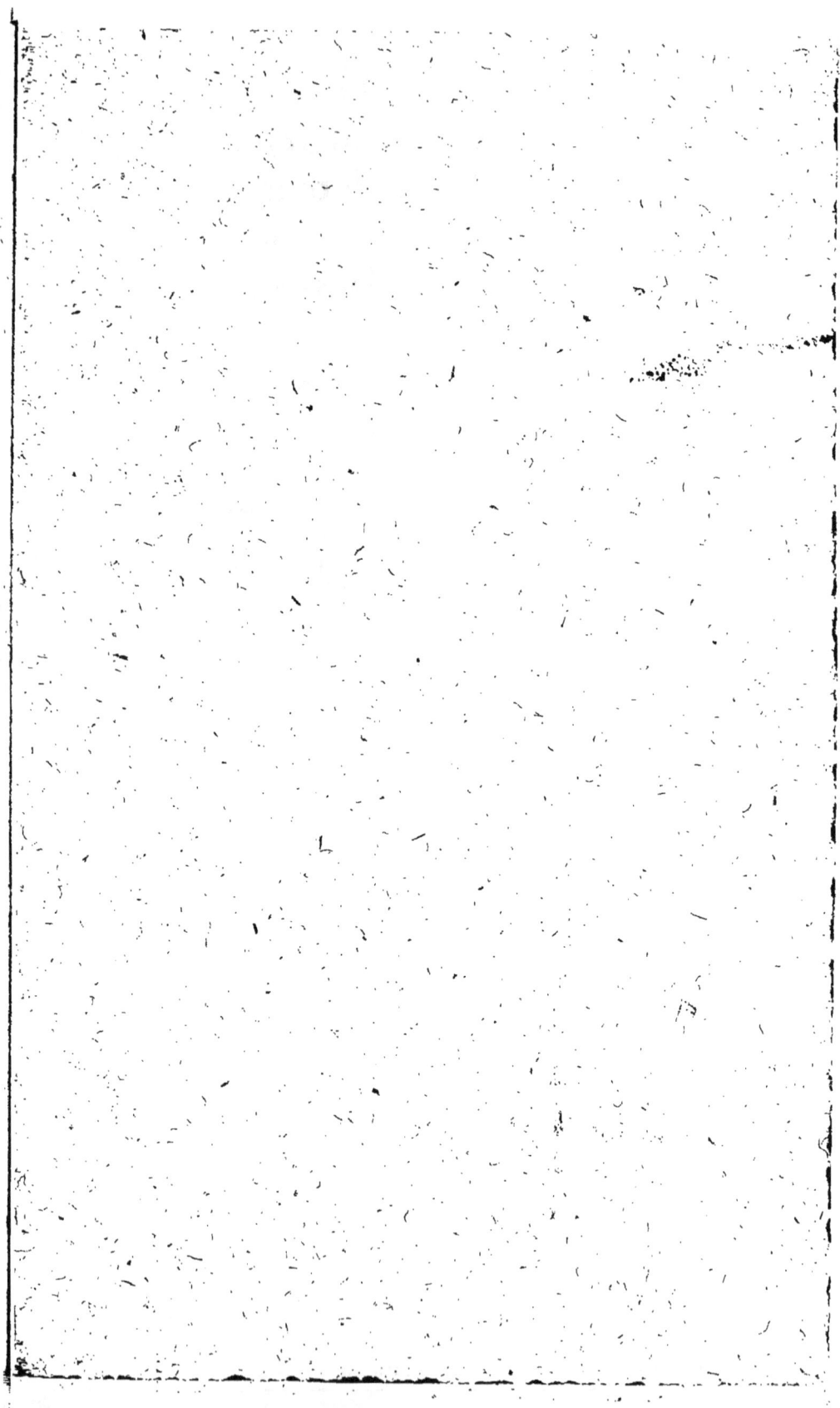

www.ingramcontent.com/pod-product-compliance
Lightning Source LLC
Chambersburg PA
CBHW060205070426
42447CB00033B/2659